DOCUMENTS
SUR
LES ÉTATS DE LANGUEDOC
(1502-1509)

DOCUMENTS

SUR

LES ÉTATS DE LANGUEDOC

(1502-1509)

Les documents qui suivent, extraits des cahiers des États de Languedoc [1], offrent un certain intérêt pour leur histoire. Le premier en montre la composition exacte en 1502, à l'occasion d'un vote de confiance accordé au général des finances, Jacques de Beaune, alors en lutte ouverte avec le visiteur des gabelles, Guillaume d'Ancezune. Les suivants font voir le pays foulé par la soldatesque en 1503, lors des expéditions de Naples et de Roussillon : c'est à cette date que Lamoignon de Basville fait remonter l'origine des étapes. Le dernier montre l'esprit d'indépendance de ces États, qui ont marchandé pendant plusieurs années à la reine Anne de Bretagne le droit de l'imposition foraine, partie de son douaire [2].

I

(25 octobre 1502)

En ladite assemblée, honnorable homme et saige maistre Jaques de Beaune, général des finances du roy nostre sire en la charge dudit pays de Lenguedoc, remonstra et fist remonstrer coment cy devant il avoit procuré et pourchassé de faire entretenir les ordonnances faictes par le roy sur le faict de ses gabelles, à l'instance des

[1] Archives nationales, H 748¹⁰ (non folioté), aux dates.
[2] Sur les gabelles et l'imposition foraine, cf. *Annales du Midi*, III (1891), 232-282, 427-482.

depputez dudit pays et de plusieurs, tant officiers que autres, ses subjectz, pour le bien et prouffit du roy nostredit seigneur et de la chose publique d'icelluy pays, et pour réprimer plusieurs abuz et pilheries que par cy devant se faisoient ou faict desdites gabelles et saulnage de Lenguedoc : lesquelles comme civiles et raysonables avoient et ont esté intérinées, publiées et enregistrées, tant en la Chambre des Comptes à Paris que à la Court des généraulx de la justice des aydes dudit pays.

En hayne desquelles ordonnances le visiteur des gabelles avoit baillé certains articles contenans plusieurs parolles convicieuses et diffamatoires contre luy, et mesmement : qu'il avoit [fait] plusieurs injustices, que nul ne luy osoit contrarier et de ceulx qui le faisoient prenoit vengence, avoit fait et trouvé plusieurs nouvelletez au pays, tendans à la folle d'icelluy, et si manhoit l'argent et fraiz dudit pays et le distribuoit et départoit à son plaisir, opprimoit par exéqutions indeues les habitans dudit pays, sans qu'ilz, par crainte de luy, osassent avoir recours à la justice ; et mesmement qu'il avoit ordonné et fait bailler dudit argent du pays à feu maistre Gabriel de Laye mille ou douze cens livres, pour le gaigner et luy faire faire instance ou nom dudit pays ou faict desdites ordonnances et autrement servir ledit de Beaune à sa malvaise intencion, au préjudice dudit pays et dudit visiteur ; et plusieurs aultres choses faulses et controvées tendans à la dénigration de sa bonne fame et renommée, èsquelles il n'avoit onques pensé.

Requérant que lesdites choses fussent mises en termes en l'assemblée desdits Estatz et que, s'il estoit trouvé qu'il fust de la qualité dessusdite et que aucun en général ou particullier se plaignist de luy, il estoit prest et appareillé de l'amender et d'en souffrir la correction telle que le cas le requiert, au dit et ordonnance de nosdits seigneurs les commissaires commis par le roy à ouyr et pourveoir aux doléances dudit pays, aussy s'ilz le trouvoient pur, quicte et imune desdites charges, parolles et choses diffamatoires, que leur plaisir fust l'en descharger pour son innocence et à la vérité.

Laquelle réquisition faicte, luy fut dit par Revérend père en Dieu, Mgr l'évesque du Puy, président èsdits Estatz, que ladite matière seroit mise en termes à l'assemblée d'iceulx et y seroit porveu ainsi que de raison.

Et le lendemain en ladite assemblée d'Estatz, où présidoit mondit sieur l'évesque du Puy, est survenu maistre François Cortin, notaire et secrétaire du roy, lequel de par ledit Mgr le général a supplié ausdits Estatz de parler et comuniquer de la matière et affaire dont icelluy Mgr le général leur avoit parlé.

Laquelle réquisition faicte et après que icelluy Courtin s'est absenté, ladite matière a esté mise en champ par ledit Mgr du Puy, président, ès presences des personnes cy après nommées.

C'est assavoir gens d'église :

Pour l'archevesque de Tholoze, Pierre Potier,

Pour l'évesque d'Uzès, maistre Antoine Chati, licencié ès loix,

Le seigneur d'Apchier,

Pour l'évesque de Mende, maistre Guillaume d'Agremont,

Le seigneur de Calvisson,

Pour l'évesque de Bésiers, maistre Simon Reynier,

Le seigneur de Valvert,

Pour l'évesque de Viviers, maistre Jehan Luquet, chanoine du Puy,

Pour M. le vicomte de Polignac, le sr de Bansac,

Pour l'évesque d'Agde, maistre Guillaume du Frestut,

Pour l'évesque de Lavaur, maistre François d'Orléans,

Pour l'évesque de Carcassonne, maistre Guillaume Blanchard, licencié,

Pour la ville de Tholoze, maistre George de Ulmeriis, docteur en droit, lieutenant de M. le séneschal de Tholoze,

Pour Montpellier, maistre Pierre Aoust, licencié,

Pour Carcassonne, Jehan Gach, accesseur, et Guillaume Rissac, consul,

Pour Nysmes, maistre Jehan de Balma, licencié, et Loys Abram,

Pour Nerbonne, Barthélemi de Sainct-Jehan et Mathieu Peyronc,

Pour le Puy, maistre Guillaume Montanhac, accesseur, et Glaude Davinhon, consul,

Pour Bésiers, maistre Pierre Doson, notaire, lieutenant de viguier,

Pour Usès, maistre Jehan Broche, licencié,

Pour Alby, maistre Jordain Erail, licencié,

Pour le pays de Viverois, maistre Bernard Nicolas, docteur, lieutenant de M. le séneschal de Beaucaire,

Pour Mende, noble Jehan de Bressoles, lieutenant du bailly de Givoldain,

Pour la ville de Castres, Pierre Hugues, Pons Croset,

Pour la ville de Sainct-Pons, Bérenguier Barbe,

Pour la ville d'Agde, maistre Honorat Guérin,

Pour la ville de Mirepoix, Guillaume Peyraud,

Pour la ville de Lodève, maistre Pierre Vernea, premier sigillier,

Pour la ville de Lavaur, Raymond Ulhet, consul,

Pour la ville de Sainct-Papoul et diocèse, Thomas Membrac, consul,

Pour la ville et diocèse d'Alet, André du Boys,

Pour Montalban, Gilbert Jehan,

Pour Rieux et Cominge, Pierre Potier,

Pour le diocèse de Tholoze, maistre Guillaume Barran,

Pour la diocèse de Maguelonne, Philippes de Lyno,
Pour la diocèse de Carcassonne, Anthoine Raymond,
Pour la diocèse de Nerbonne, Jehan Auriole,
Pour Gignac, maistre Jehan Junyn,
Pour Usès, noble Anthoine Joyes, du Sainct Esperit,
Pour la diocèse d'Alby, Guillaume Andrieu, consul de Galhac, et Anthoine Gasquet,
Pour Viviers, maistre Anthoine Torrilhon, de Tournon,
Pour la diocèse de Mende, Guillaume Bon, du lieu de Marvejolz,
Pour la diocèse de Castres, Anthoine Gaud,
Pour Pésenas, maistre Pierre Reboul,
Pour la diocèse de Sainct-Pons, Berenguier Honorat,
Pour Clermont, maistre Anthoine Vitalis,
Pour la diocèse de Lavaur, Bernard Maistre,
Pour la diocèse de Sainct-Papoul, le consul dessus nommé Thomas Membrac,
Pour la diocèse de Lymos, Jehan de Montalban, escuyer, viguier dudit Lymos,

Estans tous dans ladite assemblée et représentans lesdits trois Estatz dudit pays. Lesquelz ont estés interroguez l'un après l'autre sur les choses susdites, et finabement, après ce que iceulx Estatz ont esté amonestez que pour amour, faveur, crainte ne doubte de personne ilz ne différassent ne dissimulassent d'en dire ce qu'ilz sçavoient, iceulx Estatz, pour conclusion, et tous d'ung accord et comun consentement, sans discrèpance, ont dit et respondu et actesté particulièrement et chacun à part soy, que : *ledit Mgr le général, depuys qu'il a eu ladite charge et office de général, les a traictez et supportez doulcement et bénignement* en tous leurs affaires, et ne cogneurent jamais en luy malice, vengence, ne chose où gist repréhension, et n'a fait ne trouvé aucunes nouvelletez audit pays au dommaige ne folle d'icelluy; duquel pays jamais ne volust prandre gratuité ne récompense, pour quelques peines, travaulx et services qu'il ait faitz à icelluy pays, combien que par plusieurs foys luy aient esté présentées ; et s'est toujours employé envers le roy et ailleurs pour le bien, prouffit et solaigement dudit pays, tant en particullier que en général, et n'ont jamais veu ne cogneu en luy que toute bonté, doulceur et humilité, et *ne tend à son prouffit particullier, mais au bien comun du pays.*

Et par plusieurs fois, pour solaiger le povre peuple et affin qu'ilz ne fussent surchargez de gaiges des receveurs pour les avances qu'il convenoit faire, a baillé, presté et fait courir le sien propre pour ledit pays. Et quant aux fraiz du pays, ne s'en mesla onques ne n'a esté présent ne voyant quant se mectent sus et se départent: et par plusieurs foys a sollicité et amonesté ceulx du pays de ne les faire excessifs, pour supporter le povre peuple, et tellement que de son temps, moyenant ses bones et méritoires remonstrances, lesditz fraiz se sont quasi diminuez des deux tiers, et ne amonesta jamais ledit pays de faire aucunes tauxations audit de Laye, ne autres dons extraordinaires, ains à son pouvoir, les a restraincts, cohibez et réprimez. Et ceulx qui ont eu recours à luy pour le faict de sa charge l'ont toujours trouvé prompt, prest et appareillé de donner ordre et provision en justice au requiz et neccessaire, et se disent *bien eureux et tenuz à Dieu et au roy d'avoir ung tel général*.

Requérans que lesdites ordonnances fussent observées, sachans et cognoissans que, à leur dite requeste et instance, elles furent advisées, faictes et poursuyvies en partie, tant par ledit feu de Laye, maistre Jehan Pasquet, procureur et scindic dudit pays, que autres à qui ilz en avoient donné charge, sans préjudice toutesfois des modérations et déclarations que s'en sont ensuyvies et par le roy nostredit seigneur accordées par l'advis dudit général et gens des finances, déclairées et espèciffiées en ses lettres patentes sur ce données à Lyon, le 9e d'octobre 1501, publiées à la court des généraux à Montpellier. Et ont donné expresse charge à leurs scindics de faire derechief et d'abondant ladite déclaration à la descharge de mondit sieur, là où appartiendra, si mestier est.

Et de ceste déclaration luy estre faicte acte par moy, greffier desdits Estatz : ce qui a esté faict et expédié en perchemin et approuvé après la lecture, consenti et accordé par lesdits Estats.

.....Eu faisant lesdits fraiz, maistres François Cortin, notaire et secrétaire du roy nostre sire, et Jehan Prunier, aussy notaire et secrétaire dudit sieur et pour luy greffier de messeigneurs les commissaires desdits Estatz, ont mercié à MM. des Estatz de ce qu'on leur voloit coucher quelque somme ausdits fraiz pour quelques vaccations, peines, travaulx ou services qu'ilz avoient fait pour ledit pays, et quant à eulx, ilz ont déclairé que ce qu'ilz ont fait pour ledit pays, l'ont fait libéralement, non point par intencion d'en estre payez et contentez, et n'en vueillent pas une maille, et se sont offerts tousjours de bien en mieulx eulx employer à leur possibilité pour ledit pays, et requis instamment qu'on ne leur coucha pas ung denier : car aussi ilz sont serviteurs de Mgr le général et ledit Mgr le général ne veult qu'on couche aucune chose pour ses serviteurs.

II

(22 juillet 1503)

Les gens desdits Estats ou la pluspart ont faict plainte et doléance des grandes pilleries, foules, oppressions, assaultz de villetes, bateries, murtres, ravissemens, dépopulacions de fruictz, gastz et autres maulx innumérables que avoient faict les Gascons passans par ledit pays jusques en Ayguesmortes, où furent montez sur mer.

Parelhement du commissaire des charretes de l'artillerie et des commis et depputez touchant les concutions, larrecins et exactions indeues qu'ilz faisoient soubz umbre de leur comission sur les pauvres subjects et habitans audit pays de Languedoc.

Aussi dans la fourniture des vivres et victuailles pour ce qu'ils ne pevent avoir le doubte ne la vision de la comission, ne parelhement des cotisations qu'on dit ja estre faictes, sans leur sçavoir et consentement, que est impossible que ne soit inégalement faicte pour ant qu'on ne scet pas la possibilité d' ung chacun diocèse. Dont il en pourroit venir ung grant dommage et inconvénient audit pays.

Pourquoy ont requiz sur ce que dessus estre promptement pourveu à l'indempnité dudit pays, à ce que, si la guerre duroit longtemps, ledit pays, qui est tant surchargé et molesté, ne soit plus fort foulé et travaillé pour semblables nouvellettez, foules et oppressions pour l'advenir.

(15 novembre 1503)

Les consulz de Carcassonne ont remonstré leurs doléances : premièrement de la garnison des gens d'armes, de pié et de cheval qu'ilz ont souffert et supporté toute l'année, qui leur ont gasté, mangé et consommé tous leurs vivres, et la plupart sans paier, aussi ont prins de denrées et marchandises, et puys s'en sont allez sans payer ; aussi les bastons du parc qu'ilz ont forny, vivres, charrettes et voictures ; et perte de gens, vivres et bestail par surprinse d'ennemys ; item les terralhons auxquelz avoient fourny pale et ayssade, et dix solz à chacun, dont la plupart y sont morts ; pareilhement a faict doléance de la faulte de la police que estoit entre lesdits gens d'armes, car les bahues, coffres, habillemens et autre menu fatras qu'ils menoient meuvoient plus grande despence, les chevaulx qui les portoient, et y en avoit plus que de chevaulx de guerre, et la plupart des chevaulx et gens ne servoient en rien.

Les consulz de Nerbonne ont fait encores plus pitiables doléances tant du long séjour des gens d'armes qu'ils ont souffert, dépopulation et gast d'oliviers, arbres et maisons...

Et chacun diocèse et diocésains voloient faire leurs doléances et avant que octroier aucune somme audit seigneur, luy voloient remonstrer lesdites doléances et pitiez...

(17 novembre 1503)

Mgr l'évesque de Viviers.. a dit que la triefve estoit faicte entre le roy de France et le roy d'Espaigne jusques au XIIIIe jour d'avril prochainement venant. Desquelles triefves MM. les comissaires en ont baillé le double de ceste teneur :

Voyant le sérénissime....

Aussi a dit que Lancelot du Lac, eschanson du roy, passa yer en poste à Theyn, et dist que le roy envoioit payment aux Souysses, et non point aux Gascons, pour tant qu'ils l'avoient mal servi : dont ces Gascons, en s'en retournant, feront beaucoup de choses mal faictes, s'il n'y est pourveu....

Pour la triefve et à ce que Dieu donne paix et prospérité audit seigneur et à son royaume, ledit pays dimanche prochain fera faire procession et dire une messe du Saint Esperit.

Et touchant les Gascons, MM. les comisssaires seront requis de rescripre au chef de la guerre, Mgr de Dunoys, et y faire promptement donner provision que ledit pays ne soit foulé....

Messieurs les comissaires.. ont commis à M. maistre Bernard Nicolas, docteur en chacun droit, lieutenant en la séneschaussée de Beaucaire et de Nysmes, faire inquisition des excès, abus, larrecins, concutions, désordres et autres insolences faictes, tant par les comisaires des charrettes, victuailles, gens de guerre et autres leurs consorts, et ladicte inquisition faicte, les rapporter au roy pour y pourveoir.

(20 novembre 1503)

Le sieur de Valvert a dit que ceulx de la ville d'Ayguesmortes et des lieux environ ont forny de vivres aux 3000 Gascons que le roy envoya à Naples Aussi les gens du ban et arrière ban de la séneschaussée de Beaucaire se plaignent de quelque chose, à quoy fault que ledit seigneur pourvoye ; *item* que les comissaires de charretes ont fait beaucoup de larrecins...

III

(1509)

M. maistre Bernard Nicolas et maistre Glaude de Russone, docteur de Carcassonne, commis par le pays, ensemble le greffier desdits Estatz (G. Bertrand) pour aller devers le roy, la royne et en la Chambre des Comptes à Paris, à cause du différent de l'imposition foraine ou de la composition de 3000 livres pour raison d'icelle que ladite dame prétend luy estre deue, ensemble les arrérages pour l'assignat de son douaire, ont fait leur rapport de la charge à eux donnée.

C'est que en may dernier, s'estoient transportez à Grenoble, baillé et présenté à ladite dame les lettres missives des Estatz, supplié et requis qu'il fust son bon plaisir, ayant pitié et compassion de son peuple, de abolir perpétuellement ou faire abolir ladite imposition et tenir quiete ledit pays de Lenguedoc, moienant la somme de 20,000 livres que pour ceste cause lui avoit esté octroiée et accordée aux Estatz tenus à Nerbonne, luy remonstrant les raisons pour lesquelles ladite imposition ou composition n'estoient deues.

Laquelle avoit respondu que, par le traicté et accord faict audit Nerbonne, le différend avoit esté remis en la Chambre des Comptes à Paris et que lesdits commis requérans ce que dessus venoient au contraire dudit accord. Et que elle voloit qu'il fut veu en ladite Chambre des Comptes et après le retour du roy qui alloit à Venise, escriproit à messieurs des comptes pour y donner expédition.

Lesdits commis se retirèrent devers monsienr le général de Languedoc, maistre Jacques de Beaune (qui avoit promis ausdits Estatz, ensemble monsieur de Lodève, quand ledit accord fut passé à Nerbonne, de moyenner que ladite imposition seroit abolie), qu'il fust son plaisir traicter et moyenner de faire abolir ladite imposition et garder le pays de telle surcharge et autrement s'y employer, ainsy que le pays en avoit à lui sa fiance et recours.

Lequel dist que ce jour ou lendemain estoit contrainct de partir après le roy avec les autres généraulx pour aller delà les Mons, aussy que la Royne estoit troublée et grandment marrie du département du roy : pourquoy ne véoit lieu de y povoir entendre pour lors ; mais, au retour dudict seigneur, qu'ils se trovassent en court et lors s'y emploieroit.

Au retour dudit seigneur, ledit maistre Bernard Nicolas et ledit greffier, qui avoient principalle charge dudit affaire, s'étoient transportez à Bloys, au moys d'octobre dernier et retirez devers M. le général, et l'avoient supplié de trouver quelque bon expédient envers ladite dame que ledict pays fust quicte de sa demande.

Lequel, après plusieurs allées et venues, dist que les officiers de ladite dame luy avoient donné entendre que ladite imposition ou composition luy appartenoit et qu'ilz avoient suspect ledit M. le général pour ce qu'il portoit le pays ; toutesfois feroit tant qu'il feroit parler lesdits commis à ladite dame et qu'ilz débatissent devant elle vertueusement leur cas, et se retirassent devers M. de Montdragon, maistre d'ostel de ladite dame, qui les guideroit, et il s'y trouveroit volontiers, et hardiment y allassent bonne compaignée, puys-qu'il y avoit d'autres gens du pays, affin que ladite dame et sesdits officiers y eussent regard.

Certains jours après, lesdits commis, par le moien dudit M. de Montdragon, ensemble M. le général de Languedoc, le s^r de Botonet, maistre Jehan de Vaulx, procureur du pays, et Pierre Plantevit, de Bésiers, se présentoient à ladite dame, pour et au nom dudit pays, et luy firent semblable requeste que dessus, tendans tousjours affin de faire abolir la dite imposition et composition, remonstrans le droit du pays, et coment le roy avoit prins et prenoit toutes les années lesdites 3000 l. à cause de ladite imposition, combien que ait esté abolie.

Ladite dame avoit respondu que les feues roynes avoient prins et receu par leurs receveurs lesdites impositions et composition et que *elle ne voloit pas estre de pire condition que les autres* ; toutesfois, si ne luy estoit deu, ne le vouloit point, et si estoit deu, ne vouloit point faire tort aux autres roynes pour l'avenir ; puysque le différend estoit remis à la Chambre des Comptes, que elle voloit que fust veu et cogneu là, et après elle en feroit à son bon plaisir. Disaut en oultre que elle avoit bien monstré que elle ne voloit point surcharger le pays et que n'avoit guère avoit faict abolir la blanque qui montoit 4 ou 5000 l. chacune année, que luy appartenoit, et l'avoit remise au pays, et en tous les affaires dudit pays avoit porté la parolle et taché de leur solagement envers le roy autant que pour ses propres subjectz de Bretaigne ; néantmoins, que elle avoit entendu que le pays voloit plaidoier contre elle où ne véoit nulle occasion, et que elle envoieroit de ses gens avec les pièces à Paris pour faire apparoir de son droit

Luy fut répliqué au deu et remonstré l'obéissance, servitude et subjection et bonne volonté dudit pays et supplié comme dessus.

Ladite dame persévera en sadite response.

Lesdits commis se retirèrent vers ledit sieur de Montdragon, ledit Monsieur le général, et le maistre des requestes de ladite dame, nommé Gilles, pour veoir s'il seroit possible de moyenner envers ladite dame, moienant une autre somme de deniers, oultre ladite somme de 20,000 l., de abolir ladite imposition.

Lesquels disrent *qu'il n'y avoit aultre remède que de paier à la royne ce qu'elle demandoit*, ou de aller en ladite Chambre des Comptes, car ladite dame avoit ja despéché ung secrétaire pour y aller et qu'il ne failloit pas s'y moquer.

A ceste cause lesdits commis se transportèrent à Paris devers MM. de ladite Chambre des Comptes, où comparurent M. de Lodève, comme procureur de ladite dame, et maistre Crespin Normand, secrétaire d'icelle dame, qui déduyrent le droict d'icelle dame et firent perquisition de plusieurs comptes estans en ladite Chambre.

Lesdits commis déduyrent et remonstrèrent le droit et juste deffence du pays par escript et de bouche, comme amplement ont dit estre contenu en certaines escriptures qu'ilz ont baillées, qui ont esté leues de mot à mot, et baillé certaines pièces et extraictz servans audit pays.

Et fut requis d'une partie et d'autre estre dict droict.

MM. des Comptes, ouyes lesdites parties durant huit jours, et veues les pièces et productions, ensemble certaine requeste baillée par lesdits commis, ordonnèrent ainsi que s'en suyt ; « Faciendo apparere de voluntate regia super contento in presenti requesta juxta procuratorium huic affixum, providebitur supplicantibus, ut juris erit, ordinatione dominorum. Actum ad Curellum, 19ᵉ novembris 1509. VIVIEN. »

Parquoy les dits commis, saichans l'assignation des Estatz avoir esté faicte en ladite ville de Tournon au 5ᵉ de ce mois de décembre, s'estoient retirez au pays pour faire leur raport, pour après y estre advisé par MM. des Estatz, ainsy qu'ilz verront estre à faire. Prians et requérans qu'il pleust à MM. en comectre d'autres en leur lieu, car ilz n'y pourroient plus vaquer, pour aucunes occupations qu'ilz disoient avoir. Disans en oultre qu'ilz avoient laissé les pièces dudit pays désignées en l'inventaire qu'ilz ont baillé en garde à maistre Jehan le Prévost, procureur en la dite Chambre des Comptes, lesquelles leur avoient esté retornées par mesdits seigneurs de la Chambre des Comptes et luy avoient donné charge de advertir le pays, si aucune chose, survenoit affin de y pourvoir.

MM. des Estatz, ouy le rapport dessus dit, et eue communication ensemble, ont advisé et délibéré que la poursuyte ja commencée touchant ladite imposition foraine ou composition de 3000 l.t. sera continuée et parachevée aux despens du pays, là où besoin sera, par ceulx que sera advisé et qui seront à ce commis. Et cependant ledit greffier se transportera à Montpellier et ailleurs où besoin sera pour faire perquisition des pièces et documens qu'il cognoistra servir à la matière. Lesquelz il baillera à celly ou ceulx qui seront commis par ledit pays. Et pour ce que MM. des Comptes n'y vueillent procéder sans premièrement avoir le bon plaisir du roy, a esté advisé que le pays ne poursuyvra point d'avoir la provision sur ce, et pour éviter les frais, et pour autant que la Royne plus facilement et sans nulz despens le fera obtenir.

ALFRED SPONT

Montpellier, Imprimerie centrale du Midi (Hamelin Frères).

www.ingramcontent.com/pod-product-compliance
Lightning Source LLC
Chambersburg PA
CBHW071424060426
42450CB00009BA/2003